My Notes

My Notes

My Notes

My Notes

My Notes

My Notes

My Notes

My Notes

My Notes

My Notes

My Notes

My Notes

My Notes

My Notes

My Notes

My Notes

My Notes

My Notes

My Notes

My Notes

My Notes

My Notes

My Notes

My Notes

My Notes

My Notes

My Notes

My Notes

My Notes

My Notes

My Notes

My Notes

My Notes

My Notes

My Notes

My Notes

My Notes

My Notes

My Notes

My Notes

My Notes

My Notes

My Notes

My Notes

My Notes

My Notes

My Notes

My Notes

My Notes

My Notes

My Notes

My Notes

My Notes

My Notes

My Notes

My Notes

My Notes

My Notes

My Notes

My Notes

My Notes

My Notes

My Notes

My Notes

My Notes

My Notes

My Notes

My Notes

My Notes

My Notes

My Notes

My Notes

My Notes

My Notes

My Notes

My Notes

My Notes

My Notes

My Notes

My Notes

My Notes

My Notes

My Notes

My Notes

My Notes

My Notes

My Notes

My Notes

My Notes

My Notes

My Notes

My Notes

My Notes

My Notes

My Notes

My Notes

My Notes

My Notes

My Notes

My Notes

My Notes

My Notes

My Notes

My Notes

My Notes

My Notes

My Notes

My Notes

My Notes

My Notes

My Notes

My Notes

My Notes

My Notes

My Notes

My Notes

My Notes

My Notes

My Notes

My Notes

www.ingramcontent.com/pod-product-compliance
Ingram Content Group UK Ltd.
Pitfield, Milton Keynes, MK11 3LW, UK
UKHW050414240426
12048UKWH00020B/1508